ENSEIGNEMENT POPULAIRE SUPÉRIEUR

LES

QESTIONS SOCIALES

DANS L'ANTIQITÉ

COURS D'ISTOIRE UNIVERSÈLE

Professé à l'Hôtel de Ville de Paris

PAR

Louis MÉNARD

Docteur ès lettres

PARIS

LIBRAIRIE DE « L'ART INDÉPENDANT »

11 RUE DE LA CHAUSSÉE D'ANTIN

1898

LES
QESTIONS SOCIALES
DANS L'ANTIQITÉ

ENSEIGNEMENT POPULAIRE SUPÉRIEUR

LES
QESTIONS SOCIALES
DANS L'ANTIQITÉ

COURS D'ISTOIRE UNIVERSÈLE

Professé à l'Hôtel de Ville de Paris

PAR

Louis MÉNARD

Docteur ès lettres

PARIS

LIBRAIRIE DE « L'ART INDÉPENDANT »

11, RUE DE LA CHAUSSÉE-D'ANTIN

1898

LES QESTIONS SOCIALES

DANS L'ANTIQITÉ

Métode expérimentale apliqée à l'étude des problèmes sociaux

LES PROBLÈMES SOCIAUX

L'étude des qestions sociales embrasse les raports multiples qi constituent les sociétés umaines Coment ces raports doivent-ils être établis pour répondre à l'idée de la justice et à l'intérèt général ? Si on veut aborder le problème sous sa forme abstraite, on examinera successivement les diférentes formes sociales, monarchie, républiqe, systême des castes pour en discuter les inconvénients et les avantages. On étudira même les utopies, c'est-à-dire les construxions idéales proposées par des filosofes anciens ou modernes. Ces utopies sont toujours des protestacions contre le milieu social ou èles se produisent. Mais il est plus facile de constater les maladies qe d'en trouver le remède. Si les penseurs qi se chargent de cète médecine morale suposent l'umanité tèle q'ils la voudraient au lieu de la prendre come èle est, ils ne font q'une œuvre de fantaisie. Si au contraire ils enpruntent à d'autres temps et à d'autres peuples les institucions q'ils proposent, leurs téories, ayant des modèles dans la réalité, on peut invoqer pour èles ou contre èles la sanxion de l'expérience. En étudiant les doctrines sociales dans l'istoire, qi est leur cadre naturel, on peut aprendre à qèles condicions èles ont été réalisées, si èles ont amené un progrès ou une décadence, et ont jugé l'arbre par ses fruits. Puisqe la politiqe a ses écueils, èle doit demander à l'istoire le secours qe les cartes marines prêtent à la navigacion.

Les problèmes qi troublent l'éqilibre des sociétés modernes ont été résolus de diverses manières à d'autres époqes et chez d'autres peuples. Etudier ces solucions, c'est apeler l'expérience du passé au secours des indécisions du présent ; tel est le but pratiqe de l'istoire. Au lieu de s'engager dans une discussion téorique de ces problèmes, il vaut mieus chercher coment ils ont été résolus quand ils se sont posés pour la première fois. Ces premières solucions ne sont pas nécessairement les meilleures, mais èles sont toujours les plus naturèles, de même que la grammaire des langues primitives est plus logiqe qe cèle des langues dérivées. L'antiqité avait l'audace de la jeunesse et n'était gênée par aucune tradicion. Ses formes sociales se déduisaient de principes instinctifs q'èle apliqait dans leur rigueur. Le tableau de la formacion des premières sociétés est donc le meilleur enseignement de la politiqe. On répète tous les jours que l'éducacion du peuple, sous ce rapport, est à faire : cèle des classes dirigeantes n'est peut-être pas plus avancée, car la routine et l'erreur ne valent pas mieus qe l'ignorance. Pour instruire ceus qi ne savent pas et redresser ceus qi ont des idées fausses, la métode qi part de l'observacion des faits est la plus simple, la plus sure et la plus scientifiqe.

Si on veut savoir coment l'antiqité a résolu les questions

sociales, c'est dans l'istoire des peuples q'il faut chercher ces solucions plutot qe dans les écrits téoriqes. On est trop porté à confondre la politiqe des anciens avec les opinions personèles de tel ou tel filosofe. La morale sociale, come toutes les grandes choses, est essencièlement collective. J'ai montré dans ma tèse pour le doctorat, qe la morale s'était dévelopée spontanément chez les Grecs avant la naissance de la filosofie qi, en essayant de la formuler, a souvent contribué à la corrompre. S'il a convenu à Platon de prêcher la comunauté des fames, à Xénofon de vanter les charmes de la monarchie, à Aristote de déclarer les ouvriers impropres à la vie politiqe, le peuple grec n'en est pas responsable. Un grand peuple vaut mieus qe ses grands omes. Ce ne sont pas les filosofes qi ont révélé à la Grèce les idées de la loi et de la patrie: èle n'avait pas atendu leurs leçons pour concevoir la loi come un contrat librement accepté, la cité républicaine come une fraternèle comunion d'égaus, associés pour la défense de leurs droits contre les agressions du dehors et les tentatives d'usurpacion à l'intérieur. Il n'i a pas un filosofe qi se soit élevé à l'idée de la démocracie. Ils la voyaient réalisée à Athènes, et ils ne savaient même pas la comprendre. Ses alures turbulentes gênaient leurs gouts paisibles ; l'égalité leur semblait injurieuse pour leur mérite. Ce q'ils auraient voulu, c'était une aristocracie d'intelligence, dont ils auraient naturèlement fait partie, ou bien un prince vertueus et sage, nourissant bien les savants et les poètes, et recevant leurs conseils avec la déférence due aux persones instruites. En politiqe, les intellectuels ont toujours eu pour idéal une société calme et réglée come une école bien tenue.

MÉTODE EXPÉRIMENTALE

Si j'avais suivi la métode téoriqe, j'aurais du examiner successivement les diférentes formes sociales, monarchie, republiqe, sistème des castes. Mais l'istoire est astreinte à suivre la succession des temps. Il semble qe l'ordre cronologiqe devrait être aussi l'ordre logiqe et qe les formes sociales les plus simples ont du précéder les combinaisons plus complexes. Si les sociétés s'étaient constituées librement, selon leur raison et leurs besoins, il en serait peut-être ainsi. Mais la liberté n'existe qe chez les peuples qi ont assez d'énergie pour la conqérir et assez de prudence pour la conserver ; autrement, c'est la violence qi dispose de leur sort. Après la famille, qi n'est pas une création sociale, mais un groupe naturel, molécule première de toute société, l'istoire nous montre les téocracies de l'Egypte et de l'Inde et les grandes monarchies de l'Asie. La cité républicaine, c'est-à-dire la comune, est la forme sociale la plus simple, et pourtant èle n'aparaît qe beaucoup plus tard. J'exposerai successivement les caractères de la cité grèqe et ceus de la cité romaine, qi difèrent profondément l'une de l'autre, et q'on a le tort de confondre sous le nom de cité antiqe. Qant à l'union fédérale des comunes, qi est la forme normale de la Nacion, et qi sera peut-être un jour réalisée chez nous come èle l'est déjà en Suisse et aus États-Unis, j'expliqerai pourqoi èle ne s'est établie en Grèce qed'une façon incomplète et instable, et pourqoi èle n'a jamais pu s'établir en Italie. Dans la dernière partie de ce cours, je montrerai, par l'istoire des guères civiles de Rome, coment les républiqes meurent. L'istoire est l'école de la politiqe : il faut qe l'expérience du passé aide le présent à préparer et à préserver l'avenir

On pensera peut-être qe l'esclavage, sur leqel on comet tant d'erreurs et de confusions d'époqes, aurait du être étudié à part. Mais il m'était impossible d'isoler une institucion particulière des milieus où èle s'est dévelopée. La condicion des esclaves a été très diférente selon les lieus et selon les temps. Les serfs dans l'aristocracie militaire de Sparte, ne ressemblent pas aus domestiqes dans la démocracie athéniène, et il n'i a guère de raport entre les serviteurs dans la famille patriarcale d'Abraham ou d'Odysseus et les gladiateurs qi combataient dans le cirqe devant les Romains. Il n'est pas vrai, come on le dit qelqefois, qe la servitude fût un rouage indispensable dans les républiqes anciènes; èle s'i est produite plus ou moins tard, d'abord come un accident, puis come une maladie qi étend peu à peu ses ravages, mine progressivement la société et amène sa décadence : on ne doit pas confondre la constitucion d'un ome ou d'un peuple avec le mal qi a fini par le tuer. Il i a pour les sociétés como pour les ôtres vivants des maladies mortèles ; qand èles ont renié les principes qi les faisaient vivre, il faut q'èles meurent. Une société républicaine a pour principes le droit et la justice, c'est-à-dire la liberté et l'égalité : èle doit périr par l'esclavage et la conqète qi sont la négacion de la justice et du droit. Aurait-èle pu s'en préserver? Assurément, como un individu peut, par l'igiène, conserver la santé. L'igiène sociale, c'est le travail; c'est lui qi est la source de la civilisacion. La cité grèqe s'était dévelopée par le travail artistiqe et industriel, la cité romaine par le travail agricole ; dans l'une como dans l'autre, la période ascendante répond à l'époqe où le travail est exercé par des omes libres ; la décadence comence qand le travail est abandoné aus esclaves. L'esclavage n'a pas disparu dans les sociétés modernes, il s'est transformé : si j'avais eu à en suivre les transformacions, j'i aurais trouvé une preuve nouvèle de cèle vérité, démontrée par l'étude des sociétés antiqes, qe le progrès ou le déclin d'une civilisacion, dépend toujours de la condicion plus ou moins eureuse des travailleurs.

Une société malade peut se tromper sur les causes de son mal, mais èle sait toujours d'avance qels sont ceus qi doivent recueillir son éritage. Une vois secrète, un infaillible instinct les lui désigne, et on les nome les énemis de la société. Le monde antiqe se sentit menacé dès le jour où le cristianisme eut un nom dans l'istoire. Sous Néron, l'incendie de Rome est atribué aus crétiens ; sous Dioclécien, on les acuse de l'incendie du palais de Nicomédie. Nous aussi nous avons vu des incendies de palais suivis de répressions sanglantes : après les fusillades les conseils de guère, la vengeance parodiant la justice. Mais, come l'a dit Marc-Aurèle, aucun roi n'a tué son successeur. A l'édit de Dioclécien contre les crétiens a répondu l'édit de Constantin proclamant le cristianisme religion de l'empire. Le suprème éfort tenté pour sauver la société en avait achevé la ruine. Aujourd'hui il se prépare une transformacion aussi importante qe la révolucion crétiène, et ceus qi la craignent en doutent encore moins qe ceus qi la désirent. L'énemi de la société, c'est-à-dire son successeur et son éritier, tout le monde en sait le nom, c'est le Travail. Dans le conflit d'intérêts qi prend à notre époqe les proporcions d'une lute religieuse, il représente l'intérêt légitime : c'est à lui q'apartient l'avenir.

L'ART, LA RELIGION ET LA POLITIQE

Dans les anées précédentes, j'ai étudié le dévelopement de la civilisacion sou tous ses aspects : la religion et la filosofie,

les diférentes formes de l'art, et surtout la politiqe, qi est l'apli-
cacion de la morale sociale. Jamais, jusq'ici, on n'avait étudié
dans leur concordance naturèle et leur dépendance réciproque,
les trois branches des sciences istoriqes : l'istoire politiqe,
l'istoire religieuse et l'istoire de l'art. J'ai montré les raports
qi existent entre les formes politiqes et les concepsions religieuses, le monotéisme répondant à la monarchie, le pantéisme
au régime des castes, le politéisme à la républiqe. Qant à l'art,
qi est la forme la plus haute du travail et l'expression visible
de la civilisacion, il nait à l'ombre des temples et se dévelope
avec l'état social.

Ce qe j'ai surtout demandé à l'étude des sociétés anciènes,
c'est un enseignement politiqe. L'antiqité a essayé tous les
sistèmes de gouvernement, la téocracie, la monarchie, les
diverses formes de la républiqe. Dans mon cours de cète anée,
je m'atacherai plus spécialement qe les anées précédentes à
l'étude des qestions politiqes et sociales. Je ne m'arèterai pas
longtemps sur les monarchies orientales, qi ont peu d'exemples
à nous ofrir, puisqe nous somes en républiqe et décidés à i
rester ; mais l'étude des républiqes de la Grèce et de Rome
est la meilleure école d'éducacion pour le peuple. La Grèce
rayone au zénith de l'istoire ; il n'i a de vie morale et intellectuèle qe là où son soufle a passé. Les Romains, qui nous ont
iniciés à la civilisacion, ont droit aussi à notre reconoissance.
Nos grands pères étudiaient passionément l'antiqité ; qand ils
ont fait cète Révolucion dont nous avons célébré le centenaire
avec tant d'éclat, ils oposaient à la tradicion des siècles ser-
viles la grande tradicion républicaine des Grecs et des Romains.

DOUBLE TRADICION

Ces études sur des temps si éloignés du nôtre peuvent sembler trop dépourvues d'actualité pour nous distraire de nos lutes présentes. Cependant, ces lutes éles-mêmes sont le produit de la double tradicion à laqèle se ratache notre civilisacion tout entière. Les principes dont l'antagonisme remplit les trois derniers siècles de notre istoire se sont déjà trouvés en présence dans l'antiqité. Seulement, les rôles sont renversés : le principe de liberté, qi faisait vivre la société antiqe, n'est qu'un dissolvant dans la société moderne ; le principe d'autorité qi, malgré nos révolucions, forme encore la base de l'ordre social, s'est produit dans les écoles filosofiqes de la Grèce come une protestacion contre la religion populaire et les institucions nacionales, jusqu'au jour où, trouvant dans le cristianisme son expression définitive, il s'établit sur les ruines de la civilisacion antiqe et régna sans contestacion sur l'Europe pendant mile ans. Nous somes fils du cristianisme et de l'antiqité ; nous voudrions bien faire dater de notre siècle l'avènement des lumières, mais nous ne parvenons pas à concilier nos souvenirs classiqes avec notre éducacion crétiène. La civilisacion moderne oscille come le pendule ; ce qe nous apelons le progrès n'est qu'une perpétuèle ésitacion entre des principes contradictoires, et la fin de chaqe siècle est une réaxion périodiqe contre son comencement. Les transicions sont bien douloureuses ; le passé rebondit, le présent se recueille, l'avenir s'élabore : alternatives de fièvre et d'afaissement, pulsacions inégales du sang dans le cœur des races malades.

SOLUCIONS RÉPUBLICAINES

J'étudirai avec vous les diverses solucions donées aus problèmes sociaus dans les cités républicaines. Le problème de l'antagonisme des riches et des pauvres, qi est chez nous une menace permanente de révolucions, a été résolu dans la démocracie d'Athènes, d'abord par l'impôt progressif de Solon, puis par l'immense extension donée au travail libre sous la démagogie de Périclès. En regard de cète solucion, la cité militaire de Sparte nous en ofre une autre, le nivèlement des propriétés par les rois socialistes Agis et Cléomène. A Rome, les lois agraires des Gracqes auraient opposé un remède au fléau de la misère, mais les classes privilégiées, en repoussant les légitimes revendicacions du peuple, entrainèrent la républiqe dans une suite de guerres civiles qi aboutirent à la monarchie. Sans faire aucune allusion, et en restant dans la sfère de la science, je ferai voir contre qels dangers doit se défendre une républiqe qi veut vivre. Le but pratiqe de l'istoire est de donner à la politiqe une base expérimentale.

Maleureusement, l'istoire anciène est si peu étudiée aujourdui qe bien des erreurs ont fini par passer pour des axiomes. Vous avez dû entendre dire, par exemple, qe les anciens n'ont jamais conu la véritable liberté. Cète assercion, souvent reproduite dans les journaux prépondérants et dans les revues, est le contre-pied absolu de la vérité istoriqe. La liberté n'a pas toujours été comprise de la même manière: cèle des modernes consiste dans le droit de choisir ceus qi font les lois; cèle des anciens consistait à n'obéir q'aus lois q'ils avaient faites eus-mèmes, et dont ils confiaient l'exécucion à des magistrats électifs, temporaires et responsables, q'on ne payait jamais. Un Grec ne se serait pas cru libre poar avoir mis, tous les cinq ou six ans, dans une boite, le nom d'un des députés chargés de voter l'impôt. Il n'aurait pas vu là une entrave sufisante à l'axion du pouvoir exécutif; il aurait exigé de plus qe tous les dépositaires de ce pouvoir, depuis le premier jusqu'au dernier, fussent soumis à l'élexion et révocables à volonté. Qant au droit de faire les lois, de voter les impôts, de contracter des aliances, de décider la pais ou la guère, il n'était délégué à persone: le peuple l'exerçait lui-même sur la place publiqe.

LA TRADICION RÉVOLUCIONAIRE

La téorie du progrès, qi nous tient lieu de filosofie de l'istoire, nous empêche de reconaitre qe les principes de la Révolucion ne sont qu'un retour bien timide et bien incomplet, aus grandes tradicions de l'Ellénisme. Grâce à cète timidité de nos grands pères, qi se croyaient pourtant de hardis niveleurs, le despotisme impérial a pu détourner à son profit toutes leurs conqètes, et au lieu de cète égalité dans la liberté q'on rèvait en 93, nous n'avons encore qe le nivèlement de la servitude. Je ne voudrais pas être acusé de blasfémer ce q'on apelait en 48 la grande tradicion révolucionaire. Notre fétichisme pour la Révolucion part d'un sentiment de reconaissance fort respectable ; mais il faut qe cète reconaissance tiène compte des intencions plutôt qe des actes. Les intencions étaient excèlentes ; dans les actes, il i a à prendre et à laisser. Nous pouvons bien répudier, de l'éritage de nos pères, ce qui leur était imposé par les condicions de la lute q'ils avaient à soutenir, par exemple le morcèlement en départements, qi étoufe la vie provinciale et livre la France aux coups d'État. Devant le

Vendée séparatiste et l'Europe coalisée, la République s'est déclarée une et indivisible ; èle a sacrifié les Girondins pour leurs tendances fédéralistes, mais la dictature des Jacobins a préparé l'usurpacion impériale, car une républiqe unitaire n'est pas viable : la Suisse et les États-Unis sont des fédéracions, et la monarchie est la forme logiqe de l'unité. Une républiqe doit être fédérale sous peine de mort.

Sans doute, il faut qe la démocracie ait une tradicion à oposer aux tradicions monarchiqes et féodales, mais èle peut la rouver bien au delà de 1789 ; èle peut remonter aus comunes du moyen âge, à ce glorieus Étiène Marcel, dont Paris a placé la statue devant son Hôtel-de-Ville. Qant à la Révolucion, en sacrifiant toutes les autonomies à l'unité nacionale, èle n'a fait qe compléter l'œuvre de la monarchie ; aussi n'a-t-èle été qe la préface de l'empire. La vieille monarchie reposait sur une base vermoulue, le droit divin ; la Convencion i a substitué une base toute neuve, la délégacion populaire. Le peuple est souverain, cela est convenu ; mais il délègue sa souveraineté à une assemblée, come un catolique soumet sa raison et sa conscience à l'autorité du prêtre. Rien n'empêche cète assemblée souveraine de déléguer à son tour ses pouvoirs à un dictateur, et celui-ci, par surcroit de légitimité, peut recevoir d'un plébiscite une investiture directe. C'est ce q'a fait Napoléon, ce Robespierre à cheval, qi disait avec raison : « Mon prédécesseur, le Comité de Salut public. »

Eh bien, non, la souveraineté d'un peuple ne se délègue pas plus qe la conscience et la raison d'un ome. Si nous prenons des comis pour faire nos afaires, nous n'abdiqons pas le droit de les renvoyer qand nous en somes mécontents : vous changez bien yos fournisseurs, votre architecte et votre agent de change. Malheureusement, en fait, le véritable maître, le seul souverain est celui qi tient les clés de la caisse. Il en distribue le contenu à des privilégiés q'il investit d'une partie de son pouvoir et qi ont intérêt à le soutenir. Qant à ceus dont l'uniqe fonxion est de remplir la caisse à mesure q'èle se vide, l'antiqité les aurait apelés des esclaves : disons seulement qe ce sont des sujets.

LES ILOTES MODERNES

Suposez qu'un Sparciate reviéne parmi nous et aprène q'après une invasion étrangère, pas un crime contre la patrie n'a été puni, qe les soldats ont livré leurs armes sur l'ordre de leurs chefs, qe tous ceus qi ont fui au moment du danger ont retrouvé après la pais leurs biens et leurs titres, q'ils ocupent même les plus hautes fonxions et sont entourés de la considéracion publiqe. Le Sparciate en conclurait qe le lien social n'existe pas chez nous. Eh bien, il se tromperait : ces mêmes généraus, si prompts à capituler devant l'ènemi du dehors, sont impitoyables dans les discordes civiles ; les lois de la guère ne s'apliqent pas aus insurgés vaincus, tout est permis contre eus, car ils sont les ènemis de l'ordre, et c'est contre eus seuls qe la société entretient une armée à grands frais.

Le Sparciate demanderait alors ce qe nous entendons par ces mots, l'ordre et la société. Si on lui parlait de propriété menacée par un spectre rouge, il aurait trop d'esprit pour i croire ; il nous prirait d'être sincères, et au besoin, il répondrait pour nous : « Vous avez des ilotes, nous dirait-il, ce sont ceus qi paient l'impot. Ce qe vous apelez la société, c'est l'ensemble de ceus qi émargeut au budget, depuis les ministres, les sénateurs, les préfets et les archevêques jusqu'aus gardes champêtres, aus douaniers, aus mouchards et aus gendarmes. Ceus qi sont payés se défendent contre ceus qi paient, voilà l'ordre. N'ayant plus le sentiment de la patrie, vous l'avez remplacé par une coalicion d'intérêts qi constitue chez vous le lien social. Cela ne sufit pas pour sauver une nacion menacée par l'invasion étrangère, mais cète invasion ne fait pas grand mal aus privilégiés. Èle se résume en une contribucion de cinq miliards à prélever sur le travail, sans qe les traitements soient diminués d'un centime, tandis q'une insurrexion d'ilotes menace à la fois tous les fonxionaires, c'est-à-dire la Société. Il est naturel q'èle craigne beaucoup plus l'ènemi intérieur que l'ènemi du dehors. »

Je ne vois pas ce que nous aurions à répondre à ce Sparciate. Il i a antagonisme, non pas, come on le dit, entre les bourgeois et les ouvriers, mais entre ceus qi paient l'impôt et ceus qi en profitent. Q'on s'enrichisse par le travail, le comerce ou l'industrie, cela ne regarde persone, mais les fonxions publiqes sont payées avec notre argent, cela nous regarde. Vous parlez de pouvoir législatif et de souveraineté du peuple, ce sont des mots. Tant qe l'exécutif disposera des places, la pais sociale sera provisoire. Come le gouvernement ne peut nourir tout le monde, ceus qui ne mangent pas au ratelier du budget ont toujours intérêt à un changement. Le seul moyen d'avoir la sécurité, c'est d'ôter à l'exécutif ce rôle de providence. Le fonxionarisme est la plaie des vieilles sociétés : l'empire romain en est mort.

LE FONXIONARISME

Qand on vante en France la liberté des Anglais, on est sûr

de s'entendre répondre qe du moins la France n'a pas d'aristocracie, et qe c'est le pays de l'égalité. C'est como si on niait
l'existence d'une caste sacerdotale dans les pays bouddhistes
ou catoliqes, sous prétexto qe le clergé n'i est pas éréditaire
como chez les brahmanes. Nous avons la seule aristocracie qi
convièno à une société monarchiqe, une aristocracie de
fonxionaires payés par le gouvernement, qi peut les choisir
ou les destituer, como le grand Turc en use avec ses pachas
et ses visirs. En remplaçant la noblesse éréditaire par une
iérarchie de fonxions et de traitements, la Révolucion a surtout travaillé pour l'Exécutif, et n'a guère changé la condicion
des nobles qi, depuis deus siècles, vivaient de faveurs mendiées
dans les antichambres du roi. Qant à la riche bourgeoisie,
èle n'avait pas atendu la Révolucion pour solliciter et obtenir
des emplois lucratifs dans la magistrature et l'administracion.
Les intellectuels ne dédaignaient pas non plus les pensions et
les sinécures, et ils se montrent fort ingrats pour l'ancien
régime en faisant dater de notre époqe ce q'ils noment avec
modestie le règne des capacités.

De ces trois classes, il serait dificile de dire laqèle est la
plus âpre à la curée des places. Sans qu'un privilège spécial
leur soit atribué par nos constitucions, ces classes méritent
l'épitète de dirigeantes parceqe ceus qi les composent sont
fonxionaires ou susceptibles de le devenir. Le pouvoir central,
qi dispose de toutes les faveurs lucratives, enlâce la société
toute entière dans l'inextricable réseau des intérêts individuels.
Les lutes de partis s'expliqent par une compélicion d'intérêts
bien plus qe par une diversité de principes. Tout Français dé-
sire un emploi pour lui, son fils ou son gendre, mais on a plus
de chances de protexion sous tèle dinastie ou sous tèle autre.
Quand il sera avéré q'il faut être républicain pour avoir sa

part du gateau, tout le monde sera républicain : cela comence déjà. Ceus qi ont des places soutiènent le gouvernement parceq'ils ont peur de les perdre ou espèrent en obtenir de plus lucratives ; ceus qi n'en ont pas encore se font recomander par un député. Qand on met ses enfants au licée, on leur dit qe l'instruxion mène à tout, et en éfet, l'enseignement universitaire ne sert q'à former des mandarins come en Chine.

Il i a une catégorie de fonxionaires qi, tout en prenant place come les autres au festin du budget, semblent dépendre moins complètement de l'Exécutif, ce sont les magistrats. Pour garantir leur indépendance, on a déclaré leurs fonxions inamovibles ; aussi répète-t-on souvent q'ils rendent des arèts et non pas des services. Seulement, quand ces arèts sont conformes aus désirs du ministère, ils reçoivent de l'avancement, c'est-à-dire qe leur traitement est augmenté. On dit qe l'Europe nous envie notre magistrature ; il serait dangereus de ne pas partager l'opinion de l'Europe, car la magistrature est juge dans sa propre cause, et qand éle parle d'éle-même éle dit : « la Justice ». On prétend cependant qe ses arèts ne sont pas toujours ratifiés par l'opinion publiqe. Ce qi est certain, c'est qe les condamnacions politiqes sont regardées come un titre d'oneur pour ceus qi les ont subies. Les vices de la magistrature sont la principale cause des révolucions.

En Grèce, toutes les fonxions publiqes étaient électives et annuèles, car il i a chaqe anée de nouveaus citoyens qi doivent user de leurs droits électoraux ; mais si le peuple était content de ses mandataires, il renouvelait le mandat. Chez nous, on se croit en républiqe parceq'on nome des députés tous les cinq ou sis ans ; mais dès la seconde anée d'une législature, on se plaint qe la chambre ne représente plus l'opinion publiqe; au bout de trois ans, on demande la dissolucion, on a soif d'un

renouvèlement. C'est qe l'opinion publiqe se transforme come
tout ce qi est vivant : il faut donc la suivre dans ses fluctuan-
cions. Q'on ne dise pas qe des élexions fréqentes agiteraient
le pays : il suffrait de les écheloner de mois en mois ou de
semaine en semaine sur diférents points du territoire. Le meilleur moyen de rendre la révolucion inofensive, c'est de la
rendre permanente, ou, ce qi revient au même, de la canaliser.
Je ne fais pas ici de l'utopie, je m'apuie sur l'istoire. Tout le
monde sait qe la démocracie d'Athènes est le meilleur gouvernement qi ait paru dans le monde ; eh bien, c'était à la fois le
plus mobile et le plus solide.

L'AUTORITÉ ET LA LIBERTÉ

Toutes les sociétés politiques, depuis les vieilles civilisacions
de l'Orient jusq'aus monarchies de l'Europe crétiène ont pris
pour base le principe d'autorité ; les Grecs sont le seul peuple
qi ait esayé d'établir l'ordre social sur la liberté. Élexion à
toutes les fonxions exécutives, législacion directe, gouvernement gratuit, tels sont les principaus traits qi distinguent la
cité grèqe des sociétés orientales et des sociétés modernes de
l'Europe. Nos sciences et nos arts nous ratachent directement
à la Grèce, mais sur la qestion de la morale sociale il i a un
abime entre le monde antiqe et le monde moderne. Ce n'est
pas une diférence de degré, c'est une diférence de nature, une
véritable antinomie, come lorsqe les naturalistes comparent
le tipe des vertébrés au tipo des articulés. La cité antiqe donc
pour base au droit social le droit individuel ; la société moderne est fondée sur le respect de l'autorité. Pour les Grecs,
la loi était un contrat entre égaus : èle engageait la conscience,
car èle avait été librement consentie et èle avait pour garen-

tio la religion du serment. Pour nous, la loi est un acte émanant du pouvoir; on lui obéit parceq'il serait dangereus de faire autrement, mais le droit du plus fort a pour correctif la crainte perpétuèle des révolucions populaires. Dans l'antiqité, les constitucions politiqes n'ont q'un but : garantir le peuple contre l'usurpacion : les nôtres ne songent q'à garantir le pouvoir contre l'insurrexion. Un ancien ne se croyait jamais assez libre : un moderne ne croit jamais son gouvernement assez fort. On aime mieus la servitude universèle q'une part dans la liberté de tous. On est satisfait dès q'on a pris rang dans la hiérarchie des fonxionaires, à un degré qelconqe. Celui qi possède une parcèle de l'autorité est par cela seul inviolable et sacré. On ne punit pas les hauts fonxionaires mème en flagrant délit d'usurpacion ou de trahison. Si on parle de leur responsabilité, c'est une ipocrisie ajoutée à tant d'autres. Qand on a condamné Bazaine, ses juges ont demandé sa grâce, la dégradacion lui a été épargnée et on l'a fait évader au bout de qelqes jours.

Ce qi a fait vivre la société antiqe c'est le sentiment de la patrie; ce mot, qe les Grecs ont introduit dans le monde, avait pour eus un sens très clair; il représentait un ensemble de droits correspondant à un ensemble de devoirs. La cité antiqe n'est q'une extension de la famille et de la tribu. Ele ressemble bien plus aus comunes du moyen-âge q'à nos grandes agloméracions issues de la conqète ou de qelqes mariages de princes. Les Etats modernes peuvent gagner ou perdre des provinces au gré de la diplomacie et ne représentent pour le peuple qe des charges fort lourdes, la conscripsion et l'impôt. On peut dire sans exagéracion qe le budget prime toutes les qestions politiqes. L'impôt est toujours, directement ou indirectement, prélevé sur le travail. Il est tout à fait indiférent au travailleur qe ceus qi vivent à ses dépens soient un ou plusieurs, q'ils s'apèlent les gens du roi ou les fonxionaires publics. Le producteur n'a pas de raison pour préférer une forme politiqe à une autre, il s'inqiète peu de savoir si c'est Pierre, Paul ou Jacques qi mange au rate-lier du budget. Empire, royauté ou républiqe, il sait q'il paira toujours autant, et même de plus en plus, et il répète avec raison : Notre énemi c'est notre maitre. C'est déja beaucoup q'il ne dise pas encore q'il importe peu de payer le gouverne-ment français ou un gouvernement étranger, et on peut s'é-toner qe le sentiment de la patrie soit plus vivant dans le peuple, qi suporte toutes les charges, qe chez ceus qi ont tous les profits. La persistance du patriotisme chez les désé-rités doit nous empêcher de désespérer de l'avenir.

Dans les républiqes de l'antiqité, q'èles fussent démocra-tiqes ou aristocratiqes, les fonxions politiqes étaient entière-ment gratuites. Cète gratuité est inérente à la forme républi-caine, tandis que dans toutes les monarchies, sans excepsion, ces fonxions sont des faveurs rétribuées. C'est Auguste qi a le premier établi cète rétribucion ; il a ainsi inauguré le sis-tème monarchiqe en Europe. Après l'invasion des barbares, le traitement des fonxionaires impérieus fut remplacé par le revenu des tères conqises et des bénéfices qi, peu à peu sont devenus éréditaires. Ainsi naqit la Féodalité, dont les lutes contre le pouvoir royal ont rempli le moyen âge. Le privilège éréditaire des nobles a disparu à la Révolucion, et les fonxions politiqes sont redevenues ce q'èles étaient sous l'Em-pire romain, des délégacions du pouvoir central. Nous ape-lons cela une démocracie : cela ferait haùsser les épaules aus Athéniens. Chez eus, toutes les magistratures étaient annuèles et gratuites ; en sortant de charge, les magistrats rendaient leurs comptes au peuple, qi n'était pas tendre pour les voleurs. La gratuité des fonxions empêchait la politiqe d'être considérée come une carière lucrative, et l'ambicion n'était jamais doublée d'intérêt. Qelqes unes de ces fonxions, q'on nomait des Liturgies, étaient des charges fort lourdes : c'étaient les riches qi éqipaient les 'navires de guère, qi donaient au peuple ces fêtes intellectuèles où on représentait les tragédies de Sofocle et les comédies d'Aristofane. C'étaient eus seuls qi payaient l'impôt : le peuple se contentait de le voter et d'en surveiller l'emploi.

Qand nous avons eu cinq miliards à payer aus Prussiens, qelq'un a proposé aus représentants du peuple d'abandoner une ou deus journées de leur traitement ; mais les membres de l'Assemblée souveraine n'entendaient pas de cète oreille là : qe les travailleurs travaillent un peu plus et gagnent un peu moins, mais le traitement des hauts fonxionaires, c'est l'arche sainte, on n'i doit pas toucher. A chaqe iver, on fait apel à la charité privée, mais jamais, au grand jamais, on n'a songé à prélever un centime sur les gros traitements.

Je voudrais bien savoir qèle some produirait dans la caisse des bureaus de bienfaisance une semaine des apointements du Président de la Républiqe, des ministres, sénateurs, députés, généraus, préfets, receveurs et de tous les fonxionaires émargeant au budget un traitement supérieur à sis mile francs. Je m'arête à ce chifre parce q'il représentait le maximum des traitements publics dans un décret qi a valu à la Comune l'exécracion des classes dirigeantes et qi sera un de ses titres d'oneur devant l'istoire. Si on ne veut pas du gouvernement gratuit des républiqes anciennes, qe l'échèle des traitements ait une limite. Serait-il si subversif de déclarer q'ils n'augmenteraient plus au delà d'un certain grade, celui de chef de bureau par exemple? En fixant le maximum à 6,000 francs, la

Comune me paroit avoir tenu compte des condicions de la vie normale de la société. De très onètes familles vivent avec cela : les gens qi ne peuvent pas s'en contenter ont-ils deus estomacs? On dit qe cela nous priverait du concours des capacités : je n'aime pas les capacités qi ont le ventre insaciable. On dit qe ce serait réserver les fonxions publiqes aus gens riches; mais cela ne serait pas pis qe cela n'est; je ne conais pas de fils de chifoniers qi devièrent ambassadeurs. Les gros traitements vont toujours aus riches come l'eau va à la rivière, et je ne vois pas la nécessité d'augmenter leur superflu aus dépens du nécessaire des travailleurs. On dit qe s'ils ne sont pas assez payés, ils nous voleront encore plus q'aujourdui; mais il i a des lois contre les voleurs, et j'espère bien qe les gros bonets ne seront pas toujours au dessus des lois.

LA RÉFORME, LA RENAISSANCE, ET LA RÉVOLUCION

Les premières protestacions de la conscience moderne contre le moyen âge téocratiqe et féodal se produisirent presq'en même temps dans le midi et dans le nord de l'Europe, mais sous des formes diférentes. Les peuples germaniqes, dont les tradicions dataient du cristianisme, cherchèrent a le mètre d'acord avec leurs besoins moraus et acomplirent une réforme religieuse. En retirant au sacerdoce l'autorité q'il exerçait sur les consciences, la Réforme lui enleva son caractère politiqe et le fit rentrer dans le droit comun ; l'abolicion du célibat eclésiastiqe ruina la téocracie et releva la dignité de la famille, qi rentra sous la direxion de son chef naturel. Dans les pays où Rome avait porté autrefois la civilisacion, la Réforme ne parvint pas à s'établir, mais déjà le génie de la Grèce sortait du tombeau où l'avait enfermé la victoire du cristianisme. En Italie, dès le moyen-âge, la formacion et le dévelopement de républiques presqe semblables à cèles de l'antiqité avaient préparé ce magnifiqe réveil de la pensée antiqe q'on nome la Renaissance. C'est dans l'art que se manifeste cète résurrexion de l'Ellénisme : la peinture associa aux légendes crétiènes les souvenirs de l'antiqe mitologie. Mais le mouvement de la Renaissance, contrairement à celui de la Réforme, négligea les qestions politiqes et religieuses. L'Italie qi a imité la Grèce dans ses créacions plastiqes, n'a pas su lui emprunter sa morale sociale. L'Italie a été punie par où èle avait péché : èle n'a cru q'à l'intelligence, èle a perdu cète royauté du génie dont èle était si fière. Dès le milieu du xvi⁰ siècle, après la chute de la turbulente et glorieuse démocracie de Florence, arive la décadence irrémédiable de l'Italie : puisse cet exemple n'être pas perdu pour nous ! L'intelligence ne sufit pas pour faire vivre un peuple : il faut la force morale. Un ome échape qelqefois à la punicion q'il mérite, qand la mort devance la justice trop lente, mais les peuples, qi ont la vie plus longue, recueillent toujours le fruit de leurs œuvres. Il n'i a pas dans l'istoire une seule excepsion à cète grande loi.

La France, qe les Romains avaient inicié à la civilisacion, suivit le mouvement artistiqe et littéraire de l'Italie, mais èle l'étendit sur le térain de la filosofie, de la science et de la politiqe. La Renaissance, la Révolucion et la science moderne sont les aneaux d'une chaine qi nous ratache à la civilisacion antiqe. La fin du dernier siècle a été marqée par un élan passioné vers les souvenirs de la Grèce et de Rome, — de Rome surtout, maleureusement. Les anciens avaient placé dans tous les discours révolucionaires, come dans les tragédies et les tableaux. Mais l'œuvre de la Révolucion est restée imparfaite, et la France, égarée par des préocupacions militaires, a qité la route où èle marchait à la tête des nacions. Le révell du sentiment crétien au commencement de ce siècle, puis le romantisme à la suite de l'invasion anglo-alemande, amenèrent une réaxion ardente contre les souvenirs classiqes ; la haine de la Révolucion rejaillit sur les époqes et les œuvres dont èle s'était inspirée. Espérons qe cette longue réaxion touche à son terme. Sans méconnaitre les diférences qi nous sépareront toujours des anciens, rien ne nous empêcherait d'adapter à nos condicions d'existence les principes de leur grande morale républicaine. Les Grecs, nos iniciateurs et nos maitres dans l'art, la littérature et la filosofie, n'auraient-ils rien à nous aprendre sur les qestions sociales ? Si nous ne voulons pas les imiter, nous pourions du moins chercher à les connaitre. Nous parlons souvent de démocracie ; il peut être bon de savoir ce q'entendaient par là ceus qi ont inventé le mot et la chose.

LES LEÇONS DE L'ISTOIRE

En dédaignant les leçons du passé pour les rêves de l'avenir et les pièges de l'espérance, on s'expose à voguer vers le rivage de l'utopie. Négliger les enseignements de l'istoire, c'est imiter les jeunes gens qi méprisent les conseils et l'expérience de leurs pères. L'istoire n'est pas destinée uniqement à satisfaire la curiosité de l'esprit ; èle n'évoqe les races disparues qe pour conseiller et coriger les généracions présentes. Les comparaisons qe j'indiqerai et qi se présenteront d'èles-mêmes, ne seront pas toujours à notre avantage ; je sais qe j'aurais plus de chances de plaire à mon auditoire en flatant la vanité nacionale et surtout la vanité moderne, car la seconde est encore plus chatouilleuse qe la première. On peut à la rigueur se permètre de préférer l'état social de la Suisse et des Etats-Unis à nos constitucions monarchiques ou soi disant républicaines ; mais coment admètre que les omes aient été plus libres, plus moraus et plus intelligents il i a vingt cinq siècles q'ils ne le sont aujourdui. Cète opinion m'a été souvent reprochée come un paradoxe. Chaqe fois qe j'ai voulu comparer, dans les journaus et les revues, la politiqe des anciens à cèle des modernes, on n'a inséré mes articles q'en les acompagnant de prétendues réfutacions. Mes amis eus mèmes m'ont traité d'aristocrate, car, au nom de la téorie du progrès, nous nous croyons bien plus avancés qe les Athéniens. Pourtant, c'est à cète petite républiqe d'Athènes, imperceptible sur la carte du monde, qe nous devons toute notre civilisacion. J'exposerai mes idées sans concessions ni réticences, et si je suis en désacord avec les sistèmes généralement reçus, je m'en consolerai, sachant qe les paradoxes de la veille devienent souvent les axiomes du lendemain et les banalités du surlendemain.

Si l'istoire est une science, èle doit progresser, come les sciences naturèles, soit par l'aqisicion de faits nouveaus, soit par une critiqe plus sévère des documents anciens, soit enfin par l'éliminacion des téories arbitraires et des sistèmes préconçus. Le déchifrement des iéroglifes et des inscripsions cunéiformes a renouvelé l'istoire de l'Egypte et de l'Asie, l'exégèse bibliqe a rectifié l'istoire des Juifs. Cèle des Grecs subira une transformacion presq'aussi complète en se débarassant d'un certain nombre d'erreurs admises sans discussion sur la foi des dispensateurs oficiels de la science, encore imprégnés de vieus préjugés monarchiqes et aristocratiqes. Ce travail d'épuration a été entrepris en Angletère par Grote et Thirlwal, en Allemagne par Curtius; mais il i a encore beau-

coup à faire. Pour pénétrer dans la vie intellectuèle et morale
de l'antiqité, il faut doner à la religion et à l'art des Grecs
l'importance qi leur est due. On a déjà réparé bien des injus-
tices, en lavant le peuple athénien du reproche d'ingratitude,
en réhabilitant l'ostraxisme et la démagogie. Il faut continuer
à écheniller l'istoire en jetant les faus grands omes à bas de
leur piédestal, à comencer par Alexandre, ce cabotin ivrogne
et féroce, que la litérature monarchiqe a essayé de faire passer pour un civilisateur. L'enseignement populaire supérieur
est entièrement libre; il reste sur le terrain de la science pure,
sans tenir compte d'aucun préjugé d'école, d'aucun intérêt de
classe. J'insisterai particulièrement sur les lois morales de
l'istoire. Il ne faut pas accepter sans controle les jugements
des auteurs anciens. Dans l'antiqité come aujourdui la plu-
part des gens de lètres étaient aristocrates, très favorables à
une hiérarchie où ils croyaient avoir leur place marqée, et
presqe toujours portés à glorifier la force et à mesurer le
mérite au succès. Il est plus difcile qu'on ne pense de rendre
justice aux causes vaincues. Sans doute, les vaincus méritent
qelqefois leur défaite, mais il est bien rare qe les vainqeurs
se rendent dignes de leur victoire. On est trop porté à croire
qe tout ce qi arive était nécessaire et qe tout ce qi est nécessaire est juste. Trop souvent on salue le fait acompli come un
pas vers le progrès, et ce fatalisme istoriqe sert d'abri aus
généracions impuissantes et satisfaites qi perdent la nocion
du droit et oublient qe les peuples, come les individus, sont
responsables de leurs actes. Les évènements umains sont les
conséqences d'une grande loi d'expiacion qi est la Némésis de
l'istoire.

RECHERCHE DES LOIS DE L'ISTOIRE

Il i a uit ans, dès l'ouverture de mon cours à l'Hotel de Ville, j'ai anoucé que ce cours, à l'égard de l'enseignement doné ailleurs par l'Etat, ne serait ni une concurrence ni une doublure. En créant une chaire d'istoire univ<ercele, la Ville de Paris a comblé une des lacunes les plus regretables de notre enseignement classiqe. Nule part chez nous, ni au Colège de France, ni à la Faculté des lètres, ni à l'Ecole des hautes études, il n'i a place pour une recherche des lois morales de l'istoire. Pourtant l'istoire n'est pas seulement une collexion de matériaus; come toute autre science, èle a ses lois, et c'est pour cela q'èle est l'école de la politiqe : èle lui sert d'introduxion, come l'anatomie à la fisiologie et à la patologie. Aujourd'hui, les étrangers qi suivent nos écoles se demandent si nous en somes restés au fatalisme providentiel de Bossuet, ou à la téorie non moins fataliste du progrès continu, mise à la mode il i a un demi-siecle, ou bien si notre filosofie de l'istoire répond à ce qe le positivisme apèle la loi des trois états, ou à qelq'autre sistème d'évolucion, qe nos savants acceptent peut-être, mais q'ils n'osent pas enseigner, de peur de décourager l'énergie des généracions nouvèles. Je sais bien qe la doctrine, ou, comme on dit généralement, la loi du progrès, obligée de compter avec des objexions, à mon avis trop timides, ne se présente plus sous la forme brutalement fataliste qu'on lui donait autrefois : on se contente aujourdui d'affirmer le progrès come un fait, sans ajouter qe ce fait est nécessaire. Eh bien la doctrine du progrès, même sous cète forme aténuée, est en oposicion avec les faits istoriqes, et, ce qi est plus grave, incompatible avec toute espèce de morale.

Il importe peu q'on accorde qe tel ou tel fait aurait pu ne pas se produire, si on ajoute invariablement q'il est bon, utile et avantageus q'il se soit produit. Je veus conserver le droit de glorifier les causes vaincues et de regrèter les religions mortes. La filosofie de l'istoire est à refaire. Il faut doner un corps aus idées qi veulent naitre et créer les Dieus à venir.

C'est seulement dans le domaine des sciences qe la continuité du progrès peut être admise : sans être plus abiles qe les anciens, nous devons voir plus loin q'eus, puisq'à leurs découvertes nous ajoutons les nôtres. Mais la science n'est q'un des éléments de la civilisacion. Dans l'art et dans la morale sociale, l'istoire nous ofre d'inquiétantes alternatives de rapides progrès et de longues décadences. La loi de ces oscillacions n'est pas trouvée, et on ne la trouvera jamais si l'on s'obstine à chercher dans l'istoire des lois nécessaires come les lois du monde fisiqe. Entre l'enchainement des causes et les caprices du hasard, il i a place pour la libre volonté de l'omo. Les lois de la nature ne sont jamais violées : la loi morale, qi est la nôtre, l'est presqe toujours. Les sciences de la nature peuvent étudier sa marche réguliére, éle ne trompera jamais leurs prévisions. Mais, contrairement aux choses, l'ome peut violer sa loi, voilà pourqoi l'istoire n'est qe la science du passé, la prévision lui est interdite : on ne prédit pas ce qi peut également être ou ne pas être. Les lois fisiqes existent dans la réalité, la loi morale reste dans la sfère du possible : son existence est idéale ; pour devenir réèle, il lui faut notre volonté. Rien ne prouve mieus le libre arbitre qe notre impuissance à prédire la marche de l'istoire. On peut anoncer la minute précise d'une éclipse, mais persone n'a jamais pu prévoir les évènements politiqes du lendemain.

LA TÉORIE DU PROGRÈS

Ayons le courage de prendre le taureau par les cornes. Non, le progrès n'est pas la loi de l'istoire, ce sistème a fini son temps et ne nous a fait qe trop de mal, il faut chercher autre chose. N'ayons pas peur d'avouer la décadence présente : ce n'est pas en fermant les ieus sur une maladie q'on parvient à la guérir. Qand le fruit est mûr, ou pouri, il faut q'il tombe. Qand une époqe n'a plus de principes, qand les omes n'ont plus la même manière de distinguer le bien et le mal, de définir le droit et le devoir, de comprendre les termes élémentaires de loi, de patrie, d'oneur, de liberté, de justice, le lien social n'existe plus, il ni a plus de religion, au sens étimologiqe et filosofiqe du mot, il faut chercher un autre mode d'aglomération pour les atômes. Il ne s'agit pas de regarder le déroulemqnt du rêve divin et de laisser l'istoire se faire, il faut la diriger, et pour cela, il faut comencer par la comprendre. Il serait vraiment trop comode de doner toujours raison au lendemain contre la veille, de faire l'apotéose du présent aus dépens du passé, d'atendre, les bras croisés, l'éclosion des béatitudes à venir, en remplaçant la nocion du juste et de l'injuste par la cronologie et l'almanach et en abritant, sous une prétendue loi d'évolucion, toutes les inercies de l'égoïsme et toutes les défaillances de la volonté. C'est ainsi q'on fait des généracions énervées, impuissantes, prêtes à toutes les servilités. La moisson qe nos grands pères ont semée et q'ils ont arosée de leur sang, nous ne savons pas même la cueillir.

Certes non, le progrès n'est pas nécessaire, il n'est qe possible, il faut vouloir. Nous somes malades, et par notre faute, mais la guérison est entre nos mains. Demandons à l'istoire coment se font les progrès, coment se font les décadences. Ele nous répondra q'il n'i a pas de progrès sans éfort, pas de victoire sans combat, et qe jamais un crime social ne reste impuni. Aujourd'hui notre institutrice, èle sera demain notre juge : èle nous classera selon nos œuvres, dans le ciel des peuples régénérés ou dans l'enfer des races maudites. Ele fait l'examen de conscience de l'umanité. Ele nous enseigne qe les peuples récoltent ce q'ils ont semé et sont les artisans de leur destinée. Le passé nous montre les écueils à éviter, les exemples à suivre. Soyons modestes devant les vertus antiqes et intérogeons avec respect ces grands peuples morts, qi valent mieus qe les vivants.

32-3-8. — Tours, imp. E. Arrault et Cie.

Tours, imprimerie E. Arrault et Cᵉ.